그대도 내 맘같이

그대도 내 맘같이

초 판	1쇄 인쇄	2022년 4월 15일
초 판	1쇄 발행	2022년 4월 10일
수정판	1쇄 발행	2023년 3월 30일
수정 2판	1쇄 발행	2023년 10월 5일
수정 3판	1쇄 발행	2024년 4월 30일

지은이 이독밀
펴낸이 金泰奉
펴낸곳 도서출판 띠앗
등 록 제4-414호

편 집 김태일
마케팅 김명준

주 소 (우 05044) 서울시 광진구 아차산로 413(구의동 243-22)
전 화 (02)454-0492(代), 454-0542
팩 스 (02)454-0493
이메일 hansom@hansom.co.kr
홈페이지 www.hansomt.co.kr

ISBN 978-89-5854-137 0 (03810)

*값 7,000원

*잘못 만들어진 책은 구입하신 서점에서 바꿔드립니다

자전적 시 모음

그대도 내 맘같이
You too, like my heart

이독밀 지음
(Lee Dockmill)

프롤로그

콩 Pea

콩깍지를 터뜨리며 콩알을 셈한다

어떤 콩깍지는 너무 연약해
건드는 순간 아파한다

덜 여문 것은 기웃거리는
비둘기에게 준다
하늘까지 이르는 콩나무가 되려면
콩알이 단단하게 익을 때까지
기다려야 한다

– 본 도서는 2023년에 『하늘길』로 출간했었습니다.
　금번 수정 3판을 발행하면서 내용을 수정하여 재탄생했습니다.

그대도 내 맘같이 / **차례**

프롤로그 - 5

Part 1 아고라 스케치

아고라 스케치 Agora sketch _15
여름 summer _16
생일 birthday _17
말 words _18
광인 A madman _19
별리 _20
무제 untitled _21
가을 이미지 _22
그림·1 _23
일출 sunrise _24
가을 서정·1 _25
나의 방·1 _26
강가에서 _27
여름날 오후 _28
고향 그리워 _29
일몰 sunset _30
습작 New Zealand sketch _31

그림 · 2 _32
거류하다 _33
꿈 깨어서 _34
춘천 송가 _35
가을 스케치 _37
연애편지 _39

Part 2 홀로 있는 시간

기도 _43
내 마음 내리는 빗소리에 실어 _44
선인장처럼 살고 싶다 _46
작은 귤을 까먹으며 _48
나의 방 · 4 _49
어느 여름날 오후에 _51
백일홍 _52
홀로 있는 시간 _53
독백 _56
가을에 오신 손님 _58
나의 변명 _60
당신 곁에 _62

가짜 사과 _64
나랏말씀 _65
서울 이야기 *Seoul story* _66
서울에 산다 _67
가을 서정 · 2 _69

Part 3 꽃과 나비 한 마리

혼자 가는 길 _72
클로버 *Clover* _73
실험 인생 _75
우리 아빠 _77
눈맞이 _79
소요지경 _81
태어난 땅 _82
아마도 그 길인가 _84
나의 2월 _87
꽃게 두 마리 _88
내 마음의 강물 _89
같이 음악 _90

애인 _93
허수아비 _94
시냇가에 조약돌 _96
꽃과 나비 한 마리 _98
그대 그림자 _100
집 _102
파랑새 _104
망가진 꽃(상처) sensibility _107
서두르지 않는다 _109
봄은 꼭 온다 _111

Part 4 하늘길

인연 karma _114
끝없이 흐르는 강 The river _116
소나무 _117
DMZ에서 at DMZ (Demilitarized zone) _120
상사 _122
브링크스 BRINKS _123
보이지 않는 길 _124
나의 도요새 _126

하늘길 The Satellite _128
종달새 _130
어느 봄날 아침 _132
지난날 _133
사랑의 종이 되리 _134
덕행의 보루 _136
메아리 _138
이유 The Reason _139
바라보면 언제나 _141
나의 사랑은 _142
로열호텔 Royal Hotel Seoul _143
보호받는 풍경 _146

Part 5 그대도 내 맘같이

멍에 _150
여름 정경 _152
나비와 내가 _154
산길에서 _155
봄의 풍광 _156

고양이 _158
새벽 _160
진주 _162
그대도 내 맘같이 _163
해오라기 _164
썬라이즈 모텔 *Sunrise motel* _165
나의 이력서 *My footprint* _167
바보 _169
기차를 타고 _170
간이역 _171
강가의 소묘 _172
영원히 _173

에필로그/조국 _175

Part 1
아고라 스케치

아고라 스케치 Agora sketch

붉은 개스등이 시나브로 새벽안개에 녹는
거리를 가로질러 그리 깊지 않은 바다에 들면[入]
아직 이른 서해가 정작 그럴 날[日]보다 붉다

어느 신(神)이
문처럼 발치에 심은 등을 끄자
꿈을 꾸면서 사람들이 화안하고 명랑한 얼굴로
집을 나선다 한 손에 활과
어깨엔 기타를 메고

시대(時代)가 평화로운 이곳에서는
시민과 종이가 혼돈을 빚고
오!
나는 희랍인
옛 시인(詩人)의 달콤한 입술로
향내 그윽한
노래를 불렀다

|시작 노트|
인하대학교 도서관 광장
로댕의 생각하는 사람 동상이 있음.

여름 summer

집 짓는 소리 목(目) 전에
분주하고 머리 위엔 작열하는 태양(太陽)

키 작은 노인이
점(占)으로 앉아 후딱 말해버린 여름

내가
저 하늘의 해보다
먼저 불타고
한 줌 흙거름이 될까……

생일 birthday

나는
만경창파 동해
검푸른 물에
용트림하며 솟아오른
해처럼,

나서

자라서

설움과 욕망에
까맣게
타 죽다

말 words

평화는 하얗다
평화를 치약처럼 짜 썼다
눈 내리는 거리에서 나는 고독하다

광인 A madman

아무도 없는 객석의
네모진
터에
공연하다
꿈을,
예의 그 화사한
촛대가 더욱 더 평화롭게
타오를 수 있도록
용서하고 일구소서
그 네모진
터에

별리

내가
공항 터미널 처마 밑에
서 있는데
비가
주루루루루~
내렸습니다

무제 untitled

불행은 해일처럼 덮쳐 오고
행운은 썰물처럼 밀려 가고
....
나는 진주조개잡이 처녀

가을 이미지

나의 집 담장 너머로
대추 열매가 빨긋빨긋 물들고
알밤이 총알처럼 쏘아대는
산길
하늘은 더욱 깊어
동아리를 헤아릴 수 없으니
고추잠자리 꼬리가
오히려 창연하다

그림 · 1

놀- 잔잔 바다에 잠긴 저녁녘
한적한 도심을 맨발로 걷는다
곱게 따뜻해진 보도블록

샌들 한 손에 들고
펄렁이는 흰 옷자락
....

다시 바다로 왔다
두고 온 내 발자욱
어느 게가 먹었나
해풍에 무너졌나 나의 모래성

일출 sunrise

나는
나는
갈 테야
바다로
갈 테야

세상의 속임수 들리지 않는 파도 속으로
숨어버릴테야

빨갛게 불붙는
물보라
흩어져 버린 어린[愚] 시절이
끝없이 되풀이되는
저 넋두리

가을 서정 · 1

하늘은 캄캄한 안개
아카시아 남은 잎새
바람에 흔들리고
서울로 가는
기찻길의 끝없는 레일 위로
스쳐 지나가는 차창
밖에는 텅-빈-
논밭
무위한 허수아비
찾아오는 참새도 없다

나의 방 · 1

나의 방
고적한 방
문밖에는 큰 개 컹컹 우짖고
천정 위에는 쥐들이
실눈을 밝히고
하루를 꽁꽁 몸을 사리고
어두워졌다

강가에서

생각에 잠겨
걷노라니
민들레 하얀 홀씨
입술을 스치고 지나가네
풀포기 포기 사이
고운 씨앗이 아직 남은 까닭은
모진 바람은 몰라
나의 다사로운 입맞춤에
그이는 강물을 따라
멀-리-
더 멀리
흘러갔다네

여름날 오후

저 산 위의 구름은
흰 눈 쌓인 듯하네
칠월은 더위에 땀을 흘리는데
산 위 흰 구름은
솜사탕처럼
자꾸만 부풀어 오르네

미루나무 잎들이 반짝반짝
바람결에 흔들대고
하얀 비둘기
초록 햇빛 위를
사뿐사뿐 뛰어가네

고향 그리워

하얀 구름 산 위
그림자로 내리고
아름다운 산그늘 사이로
나물 뜯던 시절
내가 자라고
살며 소망하던
계곡도 이제 안녕
산 그림자 밝은 그늘에
산새 둥지를
찾는다

일몰 sunset

불타는 하늘이
강물에 잠기운다
은빛 물보라 자옥하니
피어나고
물새 한 마리 강숡에 서서
긴 목 두리두리
하늘을 본다

돌알을 던지니
물새 후두둑
맨발로 달아난다

차마 아쉬운 생각에
강바람에 지는
새소리만
들었다

습작 New Zealand sketch

날이 새고
또 밤이 되면
어김없이 찾아오던
십이월의 천둥 비 바람
탓에

작은 새들
정원의 어두운
나무둥 밑에 우수수
떨어져 죽어, 죽어

날이 새고
아침 해 찬란할 때

노오란 장미-

철없는 웃음이
어여웠다*

*어여웠다 : 측은하고 어여쁘다

그림 · 2

갈매기는 반가웠어
바다를 보지 못해 섭섭하지만

마음이 고단하니 수평선을 그려놓고
생각을 해야겠어
그림을 그리고 싶어
바다를 그리고 싶어
....
갈매기도 그리고 싶어

그 도화지에
갈매기는 그리지 마

이미 포구 어귀에서 보았으니까
생각을 좀 해야겠어
지난날 도화지에 갈매기는 제발 그리지 마
갈매기는 드디어 서로가 가버렸다
자기들의 마음대로, -가버렸다

거류하다

바다
시-즌이 지나면
빈 파도 위
모래밭을 뒹구는 이름들

파도가,
욕망이
알알이 맺힌 그 이름들에
밀려왔다
갔다

파도야
나는
저
지중해
어느
해안
먼 석양 그늘 아래
한 가지 이끼로
그대와 맺히고 싶다

|시작 노트|
국제태권도 대회를 끝내고

꿈 깨어서

꿈에
내가 쓴 시(詩)들이 제멋대로
내 마음에 뛰어들어

꿈 깨고 다시 보았으니
아!
내 사랑은
님이 아니고 바로
내 마음일세

춘천 송가

안개비
하늘로 피어오르니
물새 덩달아
날아오르고

길가엔
어린 풀꽃 송이
송이 송송, 거미 한 마리
고목에 줄을 매고
그네를 탄다

하늘은 선(仙)계
고요한 강
내리는 빗방울
파문을 긋고

게다가
그들을 두고
떠남이 애석하다

오!
흰 물새 한 마리

자주 오고 가라
그네들에…

가을 스케치

황금빛 잔디 위에
넘실넘실 물결치는 황금빛
잔디 위에
화알짝 누워
하늘을 보라

햇살은 내 이마 위에
까아맣고
늦가을 스치는 바람은
차갑고 달콤하다

화알짝 누워
화알짝 누워
스러지는 잔디 위에 얼굴을
묻고,
누우런 풀 향기
익을 대로

봄
여름
그리고
겨울,

가을은
저 까아만 햇살 속에
숨었다

연애편지

이 하얀 백지 위에 무어라고
써야 할까
I can not handle my pen이라고
써야 할까
Help me! I can do it,
Sometimes will be, soon!이라고
써야 할까
Longing for you라고
써야 할까
세상의 일이란
참 알 수 없어라고
써야 할까
I shall not care라고
써야 할까

Part 2

홀로 있는 시간

기도

앞산 뫼에 푸덕이던
날짐승
둥지 속에 속속이 숨어
그 파란 눈을
가슴팍에 감추고

창망한 바다 끝, 찬란한
태양 비치는 희망봉을
꿈꿀 적에

까만 밤에 홀로 깨어
새벽을 기다리는
부엉새와도 같이
소망은
반짝이는 부리에 물고서

젖은 날개
우울한 눈빛으로
아무도 모르게
울었다

내 마음 내리는 빗소리에 실어

달리는 자동차 소리
귓전에 찰싹이네

한밤중에 불 밝히고
창밖을 보니
까만 밤을
이슬에 끼워놓고

어느 화가
사선의 획을
열심히 긋는다

손목의
느리고 강한 힘은
때로
동그라미를 만들어
가만히
나뭇잎에 얹으니

아!
아침이 오면

영롱한 이슬
한 방울

선인장처럼 살고 싶다

선인장처럼 살고 싶다
물이 없다는 사막에서
억수비 사철 내리지 않아
바다에는 풍랑도 없어
엄마가 날 낳아주신 그 모양대로
멋지고 씩씩하게
돌개바람 휘몰아쳐도
엄마가 날 낳아주신 그 모양대로
아무에게도 침범 받지 않는 땅에서,
꿋꿋이 살고 싶다
어쩌다 하늘이 슬피 울면
한줄기 눈물이
어쩌다 내 몸을 적셔서
그때 단 한 번 울어보고 싶다
어쩌다 이슬도 아니 맺히는
황막한 사막의 땅에서 차라리
선인장처럼 살고 싶다
그러다가
길 잃은 사막의 낭인이 와서
하는 수 없이 내 몸을 베어
그의 목을 축일 수 있다면—

그것도 아니라면
한 포기 잡초처럼 생겨나와 차라리
남의 집 텃밭의 민들레마냥
가슴에는 희망을 가득 품고
화안하게 흔들리며
웃으면서 날아가는
한 포기 민들레였더라면 좋았을 것을…

작은 귤을 까먹으며

끝물의
작은 귤은
껍질조차 하도 보드라와서

섬섬옥수 고운 손가락이
아닐라면
후우 불어 날아갈 듯

봄바람 속에 움트는
새싹 같은 마음으로
벗겨다오

배시시
한입 가득히 물고
작은 귤을 까먹으면

얼굴엔
동그란 웃음,

봄날이 온다네
봄날이 온다네

|시작 노트|
정부에서 주신 생계보조금으로 귤을 사서
아파트 작은방에 혼자 앉아 까먹으며
희망을 느끼며…

나의 방 · 4

나의 방에는
말 없는 전화가 있고
작은 앉은뱅이책상이 있고
때로
신이 나서
뒤적이던 한글 사전이 있고
커피포트가 있고
쓰레기통도 하나 있다
어느 것 하나
나의 역사가 담겨 있지 아니한
것은 아무것도 없다
게다가
내가
따악
홀로
작은 책상 앞에
붙어 앉아서
말끄러미
어두워 오는 나의 방에
앉아 있으면
나의 방은
나와 더불어

나의 기억 저편으로
사라져 버린다
그러한데
누가
나를
기억해 줄 것인가
내가
나를
잊곤 하는
나의 방에서

어느 여름날 오후에

장대비 그친
칠월
오후 한나절이면

말쑥한 얼굴에
간드러지듯
웃는 산

머리엔
꽃구름
찬란한 태양(太陽)

살랑이는
나뭇가지 사이로 부는
파아란 하늘

장대비 그친
칠월
오후 한나절이면

백일홍

빗소리에 잠 깨어
창밖을 보니
목이 긴
백일홍 꽃가지
비바람에 이리저리
흔들리고 있네

빗방울일까
꽃잎일까

한 잎
두 잎
불빛 새로 떨어지는
꽃송이는
눈물이 아니라네

오롯이 기다림은
순결한 기쁨

홀로 있는 시간

나는
내 이름 석 자를
손가락에 힘껏 힘주어 적으며
세상의 온갖 축복의 말로써
마음에 새긴다
그러나
홀로 있는 시간이
하루 이십사 시간
일 년이 지나고…
이 년이 지나고…
또다시
새해가
밝아왔다
과연
나는
내 이름 석 자를
어떻게 가꿀 것인가
언제나
홀로 있는 시간…
무엇인지 모르나 나는
무엇인가를 향하고 있으며
한밤중에 잠 깨어

매무새를 단정히 갖추고
책상 앞에 앉아
변함없는 하루를
반성하고,
반성하고,
또 반성한다
하노라면
나의 앞날은
태양이 가득히 비치고
어느 날
나는
내 이름 석 자에
꾸짖은
많은 말들을 기억한
한 그루
어진 묘목이
될 것만 같다

홀로 있는 시간,
고통의 날이 지나면
행복의 날이
온다고 했느니

세월아!
잠자코
네 갈 길로 가거라

나는 호올로
외로운 작업에
하루해가
또
저물었다

독백

내가 좀 더 어렸을 때
나는 새처럼 날아 아주 먼 나라로
아주 먼 나라로
가고 싶었지
내가 좀 더 어렸을 때
나는 꿈을 꾸었지
뭇새들은 떠나는 나를 무심히 바라보았지
나는 날아갔지
나는 날개가 아팠어
나는 쉬고 싶었고
떠나온 집이 생각났지
친구들이 보고 싶었지
그러나
나의 집은 공허한 빈 둥지
친구들은 저마다의 둥우리에
잠금쇠를 채우고
기웃거리는 나에게
말하는구나
돌아가라고
어디로?
나는 후회했다
계속 날아갈 것을

나는 나의 빈 둥지로 돌아와
울었다
이제 나는 무엇을 할 수 있을까

돌아오는 시간이 너무 길었다
이제 난 무엇을 할 수 있을까

가을에 오신 손님

나의 작은 방은
이제금 갱생을 작심한
나의 작은 방은
홍은동 좁다란 호박골 귀퉁이에 붙어 있습니다
벽 하나에는 파노라마처럼 커다란 창(窓)이 있어
오늘은 은하수가 보석 박힌 연회복처럼 총총히 빛나고
그 곁에 내 눈썰미를 닮은 초승달도 하나 걸려 있군요
서울의 인심은 하도 야박하여
하늘에 뜬 구름조차 깜깜하였고
좀체 나의 별님들은 보이지 않았습니다
이곳에는 귀또리도 없습니다
개구리도 없습니다
내가 살던 강원도에는 사시사철
하늘에 별님들이 반짝였고
풀벌레는 바삐 바삐 화답할 때
이미 가을은 나의 가슴속에
서름한 그리움을 심어버렸답니다
그리고 나는 나와 더불어 울어주는 귀또리와
책상 앞에 앉아 울기도 많이 울었습니다
내가 서울에 올라와 이곳 호박골에 정착한 이유는
그저 운명이라고 해둡시다
그리고 나의 손님은 가을에 오신다고 했습니다

오늘, 밤기운이 하도 쓸쓸하여 하늘을 보니
별님들은 화답해 주는 친구도 없으니
이리저리 서성거립니다

이 쓸쓸한 가을이
심산유곡 빌딩 속으로 가득히 채워질 때
나의 사랑하는 손님은
나를 찾아
저 하늘의 은하수처럼
아주 긴 세월의 오작교를 건너오신다고 했습니다
그가 바로 가을에 오실 손님인데요

나는 홀로 귀또리와 개구리처럼
화답합니다 화답합니다
하늘의 별님들이
귀또리보다 개구리보다 내가 더
곱다고 하네요

나의 변명

나는 누구인가?
Korean,
나는 Korean, Roma에 살고 있는
Korean, Roman.
애국애족의 마음은 초등학교 시절에 배웠노라
국민교육헌장 초본부터 말미까지
아직도 기억하노라
그런데도 마음이 어질지 못함은 왜인가!
'어떤, 얼마나, 어떻게'
사람들은 애국애족을 하고 있다
이 은혜로운 심장을 가진 참 사람들을 만나고 싶다
그래서
갈대처럼 흔들리는 나의 어리석은
애국애족의 붓대에 날카로운 칼금을 긋고
혈서를 쓰고도 내 마음 여전히
흔들리는 건 내가 아직 성숙하지 못한 때문인가?
나는 누구인가!
옳은 일 하기가 왠지 부끄러운 것은
내 마음의 티끌 때문인가
내 나라 사람들과 어울려 지어놓은 풍토 때문인가
Roma에서는 Roman처럼 행동하라고 했다
나는 Korean,

나는 Ugly Korean,
그러나
나의 돌아가신 아버지는
아버지는 나를 Ugly Korean으로 키우지 않으셨다.
나는 조국에 뿌리박은
흔들리는 갈대! 그러나
꿋꿋한 소나무가 되고 싶었다

당신 곁에

―With my papa

새벽 동산 위
나는, 떠오르는 광명한 태양
나는 태양의 그림자

태양의 흑점 속에
까맣게 타버린 한 점(占)
나는 태양의 그림자

서산에 넘어가는
일몰의 기다란 나의 그림자
당신의 나는 그림자

그리고
또한 당신은
깜깜한 밤
나만의 사당에 타오르는
촛불 아래 너무도 기-ㄴ
나의 그림자

당신 곁에 가만히 앉아
한오리 연기로 화해버릴
나와 똑같은

당신은 나의 그림자
당신은 나의 그림자

가짜 사과

예쁜 이 얼굴은 가짜랍니다
내 속마음을 어떻게 알겠어요
거울 속의 나는 가짜 사과

〈시조〉
나랏말씀

죽을 때까지 외울 우리말일진데
영문으로 포장하고 돌돌 말아 놓으니
도무지 나랏말의 흥망성쇠를
모르겠으니
보아라
차라리 껍질일랑 홀랑 벗겨서
십이월 문밖으로
쫓아 버리자꾸나

|시작 노트|
영어만 중시하는 세태를 탄식하며.

서울 이야기 Seoul Story

발아래 굽어본다
어느 은하계인가

별 초롱 꿈 초롱
지금 어드메쯤
잠투정 어린 아기
엄마 품이 그리운데
엄닐랑 일터에 나가 아니 돌아오는,
서울은
잠이 없어라

아기야
되려 네가 엄닐 용서해
다고

서울에 산다

사람들의 다급한 발걸음
부딪고 아파하고
헤어진다
거리에는
요염한 옷가지들
싸구려 화장품
마네킹에나 어울리는
가냘픈 하이힐
넘쳐나는,

까마득한 고층 아파트
손바닥만한 방
이 집도 저 집 같고
저 집도 그 집 같으니
어려울사
할아버지 할머니
고향 그리다 지치셨다
파도,
파도,
파도!
파도!
파도!

파도!

파도!

파도!

뱃고동

뚜-우-

|시작 노트|
청량리 정신병원에서는 8시에 아침 식사가 나온다.
뱃고동 소리 같은 버저 소리….

가을 서정 · 2

봄 동산에 두견이는
진홍 빛깔 애기씨 마음이고

여름 시냇가에 물고기 쫓는 아이들
물보라 일으키며 만드는 무지개
동심은 사랑스럽다

도심의 포도 위에서는 플라타너스,
잎새 홀로 떨어진다
너와 나의 연분의 정도
끊어지고
요란했던 인간사 열기도
이제는 식었어라
혼자 가는 길
지금 나 죽어 한 줌
흙거름 되었다가 다시
봄 동산 진달래로 피어날까…
가을은 회생을 기약하고 싶다

산천에 흰 눈 덮이면
그때사 침묵하리라

Part 3

꽃과 나비 한 마리

혼자 가는 길

바람이 불었다
바람이 불어서 나는 울었다
나는 울었더니 눈물이 나왔다
눈물이 바람에 날아갔다

가만히 웃었다

클로버 Clover

클로버 잔잔한 벌판에서
꽃잎을 뜯으며 생각했지요
왜 아빠는 토끼를 가두어 두고
나에게 풀을 뜯어오라 하실까

클로버는 너무도 연약하여
내 작은 손아귀에서조차 짓이겨지고 말았습니다

쪼그리고 앉아 꽃잎도 뜯고
자꾸자꾸 뜯어도
고 작은 꽃잎은
바구니에 차지를 않았습니다

벌판을 거의 다 헤맬 때까지
어느덧 뉘엿뉘엿
해는 저물었는데
우리 속에 배고픈 토끼보다
아빠의 꾸지람이 무서웠어요
바구니 속의 클로버는 아직 차지
않았는데
하루해는 저 몰라라
어두워졌습니다

투덜투덜 나의 긴 그림자도
어느새 별빛에 가려
깜깜한 밤에
우리 속에 토끼는
기쁘게 날 기다리고
아빠는 저에게 속셈을 가르쳤지요

억울해요
나는 열심히 뜯었는데,
바구니는 벌써 바닥이 났는데
토끼는 자꾸자꾸 배가 고프대요

실험 인생

내가 시를 짓고,
만약에 음표를 따다가
곡을 붙인다면

내가 지은 시는
내 마음을 노래 삼으니
때로는 고요하고
때로는 명랑하고
그리고 또한,
…광염 소나타!

나는 내 노래를 가장 사랑하느니
한 손에 든 솜사탕이 세상의
전부인 어린애처럼
내 것만 사랑하겠지

시를 잊고 있어도
심장엔 쿵! 쾅! 쿵! 쾅!
젊음의 야망이 들뜨고
푸른 두 눈에 희망과,
애정의 쪽배가
떠다닌다

바람이 불고
파도가 거세어도
나는
율리시즈,
바다의 신 포세이돈이
가히 나를 두려워
하리라

〈동시〉
우리 아빠

아빠
병아리는 물 마시고
하늘을 보지요

나는
물 마시고
아빠를 보지요

나는
물 마시고
아빠를 보는데

아빠는
술 드시고 눈물을 흘려요

아빠는
분단된 조국의 현실이에요
아빠는
술 드시면 눈물을 흘려요

나는 물 마시고
아빠를 보는데
아빠는 술 드시면
눈물을 흘리고

눈물이 아직
마르지 않는 조국에
아빠는 가시고 내가 울어요

아빠
병아리는
물 마시고 하늘을 보는데

어쩌면
나도 물 마시고
하늘을 보아요

눈맞이

고요적막공산

동·서·남·북
천지일월의 진리를
한 송이 흩날리는 눈송이에 담았다

에디슨은 전기를 만들지 않아도 되었을 것을

눈송이는 불빛을 가려
밤거리에 자동차는
깜박등 신호조차 모르고
이놈 저놈 부딪혔다

밤바다에는 등대가
제 구실을 못한다

수편선 지평선
오로지
하얗게 내리는
눈, 뿐…

인간이 제 아무리 영특하여

온갖 것의 꿍꿍이를 꿈꾸다가
달나라도 정복했다만

내리는 눈 한 송이가 모여
하늘도 이미 없어졌으니
땅 위의 온갖 것들이
하얀 정적에 둘러싸여

잠시

인간의 사심을 부끄러워하게 한다

〈시조〉
소요지경

갈매기 한 마리
파도 따라 넘실댄다

물아래 그림자도
파도 따라 출렁댄다

잠깐
세상 구경 나온 꼴뚜기 갑자기
먹총을 쏘아

갈매기 눈 멀었다
꼴뚜기 사냥에

태어난 땅

설악산령에는 기막히게 큰 눈사태도
돌덩이처럼 굴러 떨어지지 아니하고
그곳에 모두 모아 폭포수되어 오노라 가노라
계절을 되풀이 하느니

안개구름 자욱하다
어디인가 동해바다 무인도 흰 물새 소리
돌아앉은 망부석조차 귓전에 소란댄다
두 손 들어 귀막이를 하는구나

외할미는 에미 잃은 손녀딸 손목 잡고
자주 등대에 와서,
찰박찰박 홀로 초록빛 고운 물에
바다 가재 따라 드니

동트는 새벽부터
해 넘어가는 수평선을 보며 아이는
까닭 모를 슬픔을 느꼈구나
할미 손 잡혀 집으로 오는 길에

할머니 왜 나만 혼자 여기 있어?
으응,

니 에민 저 바다 건너
해 뜨는 나라로 갔단다
아니 해 지는 곳이랬나

아이는 그 후 하루도 빠짐없이
동해바다 검푸른 물에
용트림하며 솟아오르는
해돋이를 바라며 자라더니

먼 훗날, 어느 시끄러운 아침 저자에
우뚝이 차가운 기상으로
어리둥실 떠올랐더라

아마도 그 길인가

가지 않은 길
그 길은 단풍나무 우거진 길
아무도 아직 밟지 않은 길이랬지
두 갈래 길이었던가?

아마도 그 길
하나의 재주 가진 놈이
열 재주 가진 놈보다 낫다고 했는데
아마도 이 길일까
아마도 저 길일까
아마도 그 길일까
아마도…?
아마도…!

발레리나가 되고 싶었다
무대 위에서 날으고 싶었다
그림을 그렸다
세계에서 으뜸가는 화가가 되고 싶었다
노래를 불렀다
멋진 가수가 되고 싶었다
도대체 40이 되도록
되고 싶었다 무엇인가가
그것 하나만 생각하다가

40 나이를 훌쩍 맞이하고
말았다
세상살이는 너무 어려워
몰래몰래 글을 썼다
아무것도 되지 못하고 일기책만
수십 권이 되었다
글을 쓰며 나는 나의 인생에 투항했다
그 밖에 아무것도 모른다
운명이란 무엇인지를 알려고
무척이나 노력해 보았다
오로지 펜대 하나에 나의 설움을 대신했다
태어났음에 억울했고
자라서는 생존의 무게에 짓눌렸다
오로지 나와의 싸움에서
결국 결국 나는 나의 펜대에 내 운명을 실었다
나는 날고 싶다!
발레리나처럼 무대 위에서
날으고 싶다!
화가가 되어
세상의 모든 것들을 그리고 싶었다
그리고,
가수가 되어
내 마음을 노래하고 싶었다
이도 저도 아닌

나의 운명은
나의 욕망을 짓눌렀다
나는 운명의 무게에 깔리어
버둥거리며 울었다
그리고 죽음을 청하는 글을 썼다
그런데 글 씀과 더불어
나는 나의 심정 밖으로 나와
나와는 전연 다른 객관이 되었던 것이다
글을 쓰면서 나는 어쩌면 나를 짓누르는 운명이
혹시 이 펜대에 의해 도망가리라 느꼈다
나는 지금 글을 쓰고 있다
수많은 꿈들을 소망하는 마음을 글로 쓰고 있다

나는 발레리나
나는 화가
나는 가수
그리고
나는,

나는
꿈속에 잠긴 시인이 되었다

아마도 그 길인가?
Maybe the road?!

나의 2월

겨울의 잔설도 슬며시 자취 감추고
3월의 황사는 미련 두고
슬금슬금 다가오는
서울의 2월

메마른 나뭇가지 위
까치 둥지에도 머잖아
포근한 3월 융단에 깔리울 때

내 딱딱한 침상
메마른 몸뚱이
수행자 같은 처녀 시절에도
꽃이 피어라

2월에는
목련나무 꽃망울 봉긋이 물오르고
내 마음 마른 가지에도 물오른 인간으로서
사랑하도록 하라

봄기운에 열두 개 화사한 공작새 꼬리를
달고 싶구나

〈동요〉
꽃게 두 마리
　　　　　　　　　　- 이독밀 작시 / 이안삼 작곡

바닷가 모래톱에
꽃게 두 마리
아롱다롱 햇빛 받고
재밌게 장난해요

미역 내음
다시마 긴 이파리
조개랑
소라 고동은 아이들이 가지고 놀다가 버렸습니다

아롱다롱 고운 꽃게 두 마리
바닷가 모래톱에서
해 지는 줄 모르고 장난 놀아요
밤하늘엔 어느새 별 총총!!
달님을 거울삼아 꽃게 두 마리
물아래 달 속을 곰곰이 들여다 봅니다

꽃게 두 마리,
꽃게 두 마리,
날 새는 줄 모르고…,
바닷가 모래톱에서 잠들어버렸습니다

내 마음의 강물

내 마음의 강물은
청잣빛 하늘색
구름을 담고

꽃향기 찾아
날아가는
범나비
그림자 담고

내 마음의 강물은
긴 목 해오라기
두리번거리는
가련한 생명을 담고

내 마음의 강물은
청잣빛 하늘색 몸매
구름 같은 시야
머얼리
쪽빛 바다
돛단배 하나에
머문다

같이 음악

내가 나의 님에게
함께 계시자고 애원하자
당신은 내 맘에 피리새 한 마리 두어 놓고
리라를 타며 떠났습니다
다시는 울지 않는 피리새를 말이지요

내 님은 야속도 하십니다
나는 종일 피리새를 바라보며
흥겹게 리라 타는 내 님을 기다리지만
피리새는 울지 않고
가신 님도 돌아오지 아니하셨습니다

아폴론!
리라는 왜 스스로 울지 않나요?
저와 리라는 이미 당신의 섬세하신 손마디 속에서
스스로 우는 법을 배웠고
저는 이렇게 목메어 우는데
리라는 혼자서 당신 곁에 있어
행복하노라,
아마도
당신의 악기 리라는
당신의 연인을 질투했었나 봅니다

피리새가 웁니다
사랑하는
나의 아폴론
나는
다프네
당신을
너무나
사랑하여
당신 몸의 일부가 되어버린
나는 다프네

이 음악의 동산에
버려진 피리새가
죽어도 아니 운다면
당신을 기다리다 지친 저도
목소리를 잃어버린 피리새처럼
그러나
이 음악의 동산에
다시 태양이 비치고
꽃들이 활짝 피어나면
피리새가
즐거이 우짖듯이

나도
나의 목소리를 찾을 것입니다

애인

누가 애인의 말을 믿을 수 있을까요?
애인은 입술에 빨간 립스틱을 발랐는 걸요
그 입술은 진실을 말하지 않는답니다
자신이 이 세상에서 제일 예쁘다고만 말하고
싶어 해요
애인은 참으로 예쁘지만 도도합니다
당신이 애인을 부를 때는
당신 가슴에서 진실을 감추세요
그러면 애인은 깜짝 놀라
동그랗고 예쁜 입술로 당신을
정말 사랑한다고 애원할 걸요
왜냐하면 당신의 애인은
당신을 진심으로 사랑하니까요

허수아비

허수아비가
있거나 말거나
메뚜기는 뛰어다니고
참새는 날아다녀요

메뚜기와 참새도
세태를 탐인지
꾀가 많아졌어요

허수아비는 정말
할 일이 없어요
참새가 허수아비 머리에 앉아
콕콕 쪼아도 보고
옷소매를 땡겨도 보아도
허수아비는 눈물이 없어요

그러나
허수아비는
생각하지요
태어나지 말 것을
무가치한 인생이여!

만약 허수아비 같은 슬픔을 가진
사람이라면 큰소리로 말하세요
훠—————이
훠—————이
나는 곡식을 지키는 허수아비
나는 그리움의 허수아비
나는 시를 쓴다네
훠—————이
훠—————이

시냇가의 조약돌

시냇가의 조약돌은 몇 살일까…
저렇게 동글동글 만들어지기까지
시냇물은 졸졸졸 살며시 흘렀겠고
송사리 떼들은 돌멩이 틈새에서
몇 번이나 그들을 어루만져 주었을까

누나 따라 시냇가에 온 돌이는
어서 예쁜 돌멩이 줍고
누나는 빨래 빨고 얼굴 씻고
돌이가 준 돌멩이 가만히
만져본다

시냇가의 조약돌은
얼마나 오래 거기에 살았을까
그동안 송사리도 큰 고기 되어
강으로 강으로 흘러갔겠고
누나도 시집가고,

돌이는 누나 생각에
이 시냇가에 와서 조약돌 주으며
………
그러면 돌이는 몇 살이 되었을까

꽁지머리 누나는 시집갔는데

시냇가의 조약돌은 몇 살일까
어쩌면 그토록 예쁜 보석을
돌이는 알고 있는지
자꾸만 자꾸만 조약돌을 만지작거리며
시집간 누나를 생각한다

꽃과 나비 한 마리

그니가 사주신
노오란 장미
한 다발
화병에
물 담아 꽂아놓았더니
어데선가
나비 한 마리

고개를
살랑거리며
날아들었죠
내 방이
마치
그의 방이라도
되는 듯,
아주 쉽게

나는 그네들의 장난에
방해될까 봐
한구석으로
물러 나와
마치 그의 방에

내가 침입자인 척
숨어 있었어요

나비 한 마리
꽃 속을 들며 날며
장미꽃 향내 그윽한
내 방에
한가득
아름다운
정물 한 폭!

그리고 싶었어요
꽃과 나비 한 마리

그대 그림자

내 맘속에
그대는 꽃으로도 피어나고
그대는 맑은 샘물로도 솟아나고
그대는 흰 파도 속에 부서지는
장밋빛 노을로도 피어난다

그리고
그대는 내가
당신 생각뿐으로 인해
한 마리 학으로 산다 해도
내가 가는 곳
내가 살아가는 방식조차
그대는 나와 동행하고 싶은
그대는 나의 친구

꿈속에서 그대는
나의 심장으로 살아 있다
나와 그대가 같은 마음으로
똑같은 꿈을 꾸게 되고
우리가 깊은 꿈속에서 사랑에 빠지면
그대는 또한
나의 넋으로 살아난다

그대는,
그대는
나의 그림자…

집

궁궐같이 큰 집이 아니어도 좋다
세련된 네모난 현대식 아파트가 아니어도 좋다
내가 살고 있는 이 사색의 동굴에는
그 옛날 토끼 노루 좇던
내 님이 계시고
나는 어진 아내
내 님 함께 이 동굴 속에서
꿈을 키운다

나의 집
사색의 동굴에는
메아리도 살아
내 님에게 들려 드리는
나의 고운 노래
메아리 되어
하늘로 울려 퍼진다

밤이면,
별무리
여름날의 로망스를 노래 부르고
별 떨기 속에
내 님과 나의 모습도

다정히 박혀 있으리니
나의 집 사색의 동굴에
잠시 등불이 꺼지면
나는 님과 함께
하늘의 별이 된다

파랑새

아기의 파랑새는
엄마 치마폭에 살고
엄마의 파랑새는
아기의 눈동자 속에 있고
나의 파랑새는
꿈속에 산다

그런 줄도 모르고
나도 파랑새를 찾아
산 넘고 바다 건너
이국을 헤매었다

나의 파랑새는
어데도 살지 않았다
지친 몸 쉬고 있는
나의 작은 방에서
나는 꿈속을 헤매고 있다
나의 파랑새를 잡으려-

여기도-?
저기도-?
꿈을 꿀 때마다

파랑새는 보이지만
잡으려 손 내밀면
신기루처럼 사라졌다

어쩌면
나의 파랑새는
꿈속에 산다

어쩌면
나의 파랑새는
꿈속에 산다

어쩌면
나의 파랑새는
꿈속에 산다

나는
나의 파랑새를
잡으려
꿈을 꾸고
그 꿈을 노래로 지었다

꿈은 금세
사라지지만
파랑새를 노래한
나의 시는
남아 있다

망가진 꽃(상처) Sensibility

꽃송이는
비에 젖어-,
어느 새가 날아와
꽃잎에 고인 물
방울방울 쪼아리다
찢어진 꽃잎

비 갠 지금도
수심에 겨워
고개 숙인 꽃망울
뚜욱 뚝 떨어지는 눈물
파르르 떨고 있는 가는 대공
가시조차 없는 너는
헐벗은 몸
거센 바람에
가눌 길 없어라
오-오!
노오란 아픔이여

내 꽃은 망가진 꽃,
어느 성난 손이

비에 젖어 떨고 있는
네 몸 위에
마부의 채찍을
마구 휘둘렀나

|시작 노트|
Charles Belle의 그림〈Dut printemps〉를 보고

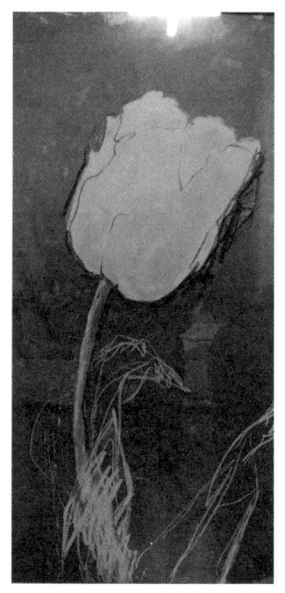

서두르지 않는다

서두르지 않는다
빨간 신호등이 깜빡일 때에도
다급한 방귀를 붕붕거리며
달리는 노오란 택시가
있을지도 모른다

서두르지 않는다
고단하게 하루 종일 일을 하고
찻물을 끓일 때에도
뽀골뽀골 커피포트에서는
뚜껑이 들썩들썩, 잠시 보채는 때가
적당하다

서두르지 않는다
한가한 토요일 오후,
아틀리에 창문으로는
따사로운 겨울 햇살이 비스듬히 들고
아직 채 마르지 않은 켄트지 위에
내가 좋아하는 파란색 물감을
덧칠하지 않는다

서두르지 않는다

조그만 나의 소녀 시절의 꿈이
방울방울, 바위에 떨어지고
부딪고 부서지고
자꾸만 부딪혀서
물이끼라도 만들어
자꾸만 영글어서
맑은 시냇물 흐를 때에
어린 미꾸라지의 몸 비늘 위에 묻어
그와 함께, 대어(大漁)로 크게 자랄 때까지

|시작 노트|
미꾸라지 용 된다는 속담이 숨어 있다.

봄은 꼭 온다

산세도 푸른 북한산
희망에 찬 깃털을 떨구고
종달새는 봄날을 기약하누나

한여름 불타던 태양도
저물고, 겨울날의 가냘픈 철새
둥지에도 봄날은 오고야 말리니

가장 어여쁜 계절 봄이여
아가의 볼과 같이 사랑스런
그 씨알의 속삭임이여

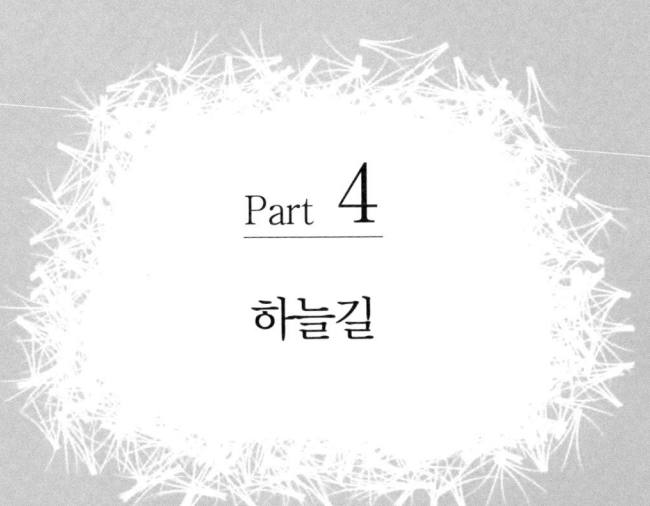

Part 4

하늘길

인연 karma

그대는 난초와 같이 고결하고
섬세하며, 그대는 사막의 선인장처럼 또한
뜨거운 열정의 화관을 쓰고 있구나

몸에는 만 가지 향취가
그대 머리 위로 오색 후광을 만들었으니
때로는 잠깐 빛남도 저 하늘의
샛별 같아라.

나만의 그대,

그대와 나의 연분의 정도
한 개 떨어질 꽃잎으로 여겨질지라도
그대 향한 사모의 마음
지옥의 불화로보다 더 뜨겁게
타올라.

그대와 내가
이별해야 한다면

차라리 내 몸을 불길에 사르고
그대의 오묘한 오색 후광 속에서

더욱 빛나는
찬란한 금관으로
되어지고 싶구나

끝없이 흐르는 강 The river

황토를 품에 안고
흐르는 황허를 보셨나요

무서운 악어가
꼬리친다는
아마존의 푸른 강을 보셨나요?

당신의 강물을 얘기해 주세요

당신의 강에는
밤이면 밤마다
부엉새 찾아와 울었고

달무리 지는 밤에는
갈대밭 속에
원앙이도 숨어 산다는,

당신 인생의
도화선이 된
인연의 강을 얘기해 주세요

소나무

우러러 보라
저 높은 산 정상에
비바람 찬 눈보라에도
고고한 기상으로 서 있는
그를,

나의 조국 깊은 산 정상에
모진 풍파 속에
휘어지고 꺾기우고
심지어는 뿌리째 없어질 위기에도

그 곧은 생명력은
바위를 뚫고
세상의 정기를
가슴 깊이 새겨
내 나라 강토를
지켜온 그를

눈 내리는
고독한 밤
나는
흰 눈 되어 그를 맞으리

그의 시린 몸뚱이를
하얀 솜이불로 덮어주고
어느덧
겨울이 지나
봄날
아련한 열기 속에

"허리를 펴고 싶어"

저 높은 산 정상에
소나무는 어찌할 수 없는 슬픔을
느낀다

내가 그에게 다가가
말해 주리
"훌륭했다 소나무여
비록 강풍에 견디지 못하고
휘어진 네 육신 위에
난 작은 싹으로,
크게 될 어린 나무로 자라나리
그대 뿌리를 딛고서
바위를 뚫고 일어선

억센 네 생명력을
나 어린 나무 되어
이어가리"

DMZ에서 at DMZ (Demilitarized zone)

하늘도 탄환의 연기를 담아
전쟁이 남긴 스모그가 뿌우연 그곳에는
봄날의 꿈틀거리는 생명이
사화산처럼 정지되어 그렇게
차디찼다
나무의 정령은
반목하고 증오하는 형제의
총부리 앞에
정기를 잃고
보랏빛 라일락 나무는
향기없는 서름한 움직임만
DMZ를 휘돌아 부는
봄바람에 날렸다

아버지의 아버지는
이미 그곳에 묻히시고
아버지는 해맑은 청년으로 남하하여
육십여 년, 북녘 하늘만 바라다
돌아가시고
오늘
역사의 능선을 따라
나 이곳에 왔다

눈앞에 펄럭이는 인공기를 보며
내 가슴에 각인된 태극기에 대한 맹세는
두 개의 이념을 화해시키지 못했다
무덤 속 같이 고요한 이곳
자유의 마을에 장전된 총알의 긴장을 느끼며
두 시간짜리 짧은 영화 속에서 깨어났다
어쩌면 영원히-
통일을 의심하며
답답한 가슴은
초조히 빈 하늘만 바라본다

상사

그대가 이슬만 먹고 사는
한 포기 들꽃이라면, 나는
그대로 인하여
눈물의 밤바다를 헤매이는
한 떨기 별꽃이어라

그대와 나의 만남은
해풍에 스러지는
물결과도 같아라
그대를 바라는 나의 마음은
산들바람에 흔들리는 꽃잎의
수줍음인 것을…

분주한 여름은
이 끝없는 인연의 백사장에
우리를 남겨두고 모래알을 안고 달아나는
저 지혜로운 조수(tide)와 같구나

오-
오늘도 너의
소슬한 몸짓에 나는
운다

브링크스 BRINKS

그대는 절망의 늪에서부터
솟아오르는 용감한
페가수스

희고 고운 갈기의
암말을 타고
아름다운 배짱 휘날리며
어둠에서 태어나
새벽을 박차고
달린다

부드런 봄비에
분분히 일어서는
꽃닢처럼

감성은
폭발하는 4월의 개화
전율하는 장미와 같고,

샛노란 단말마
Brinks!

보이지 않는 길

하루하루를
내 생의 마지막처럼 여기거나
하루하루를
내일에 줄을 매고
산을 타는 클라이머처럼
생각하노라니

길은 허공을 가르는
내 몸뚱이 하나요
흔들리며 날아가는 민들레
씨앗처럼
미풍에 웃어도 보고

두 눈에 보이는 길이
외줄타기 인생이라서
광풍에는 울기도
참 많이 울기도
하였구나

나는 킬리만자로의 빙벽을
오르는 표범을 교훈삼아
가노라

벼랑 끝을 기어오르는
나는
클라이머

나의 도요새

그이는 날 보고 섀도우 체이서(shadow chaser)라고
했다
그이는 날 보고 드림 매니아(dream maniac)라고 했다
그러나
그이는 나의 비상(飛上)을 안다

구구거리는 비둘기 떼 속에
한 마리 도요새가 빙글대는 여름 한낮의
태양을 향하여 날개를 쳤다

해는 아득하고
이제금 날 저물어 비둘기들은
어울려 제 둥지를 찾는데

나의 외로운 도요새는 먼-데
석양을 그린다

다시는
이 강가에서 목을 축이지 않겠노라
다짐하지만
제 그림자를 남기고 떠난 그 자리에
필시 나의 도요새는 다시 오리라…

그이는 날 보고 섀도우 체이서라고 했다
그이는 날 보고 드림 매니아라고 했다
그러나 나의 외로운 도요새는
내가 언제나 비상을 꿈꾸는
영원한 방랑자라는 것을

나의 외로운 도요새는
알고 있다

하늘길 The Satellite

그대의 하늘 길을 나는 알아요
오늘도 나의 작은 창에
등불이 꺼지지 않는 까닭은

달은 달이 가는 길이 있고
지구는 지구가 가는 길이 있고
왕은 왕이 가는 길이 있고
사람은 저마다
마땅히 가야 할 나만의 길이
있기 때문이지요

매일 매일이
똑같이 반복되는
일상일지라도
나의 소망의 씨앗은
깊은 바닷속에서 끓고 있는 마그마처럼
두근거리는 내 심정 안에
숨어 있습니다

그대가 잠든 내 머리 위로
하늘 길을 달려와
나의 꿈속에서 속삭이면

나의 길은,
깜깜한 모래 먼지 자욱하여
선인의 발자취도 찾을 수 없고,
바람이 불 때마다 앞길을
잃어버리는 사하라 사막에서도
오직
하늘 길에서 반짝이며 날 인도하는
북극성과 같은 그대의
사랑 때문인 것을 나는 알아요
오아시스를 발견하듯 일상의 먼지 속에서 그대의
기도를 찾을 수 있다면 나는 그대로 인하여
죽는 날까지 별을 노래하는
시인의 길을 가리라 약속합니다
나의 길은
그대가 날 찾아오시는
하늘 길의 곡선과 어울리는
파동을 가졌습니다

종달새

나의 새벽은
시계 침의 꼭대기에 있습니다.
상쾌한 새벽입니다
세상이 고요히 잠이 든 때
나와 당신만이 존재하듯
사위는 깜깜한 밤입니다

나의 새벽은
당신의 약속
나와 더불어 당신은
새벽을 가장 먼저 알리는
종달새

당신은 깜깜한 밤하늘을
떠받드는
아틀라스 신

나와 더불어
당신은 새벽을 가장 먼저
알리는 종달새

당신은 나의 가슴에

훌륭히 빛나는
승리의 마스코트입니다

어느 봄날 아침

세상은 뽀오얀 우웃빛
안개에 잠기고.
담장을 타고 흐드러진
개나리 꽃닢에도

내 사랑하는 사람의
눈빛처럼 온화한
정분이 감돈다
아- 아- 어여뻐라
봄날은 저기 저 부드러운 안개 속으로 날아간
새의 깃털 속에서 반짝이고

부시시 잠 깬 내 님의
고운 눈꺼풀 위에
살며시 내려앉은 사월의
햇볕처럼
따스한 미소로부터
나에게로 온단다

〈가곡〉
지난날

― 이독밀 작시 / 최영섭 작곡

말없이 강가를 나 홀로 거닐면
물새 한 마리 갈꽃 새에 몸을 감추고
외로운 마음에 그윽히 노래 부르면
먼 산 그림자 강물에 어린다

별떨기 피어나는 하늘에는
어린 적 동무 얼굴 날 찾는 듯 반짝이고
지난날 우리의 우정이 강물 따라 흐른다

지난날 우리의 언약이
강물 따라 흐른다

아-아- 그리움아 세월은 흘러
우리의 언약이 강물 따라 흐른다

⟨클래팝 가곡⟩

사랑의 종이 되리
― 이독밀 작시 / 이안삼 작곡

만약에 내가
다시 사랑을 한다면
내 님의 빛나는 눈동자에
언뜻 어린 한 방울 눈물이 되리

내 님의 옷깃을 스치고
지나가는 부드런 바람이 되리

내 님은 날 아시려나
눈물 방울 떨어지고
바람 되어 사라지는
날 아시려나

만약에 내가
다시 사랑을 한다면

내 님의 가슴 속에 울려 퍼지는
사랑의 종이 되리

내 님이 날 아시듯
나는 내 님 곁에
가만히 맴도는
종소리의 울림이 되리라

덕행의 보루

때론, 범람하는 강물 위에
거세게 내리는 빗줄기처럼
상처받은 내 마음은 외로웠었다

아우성치는 나의 가난한 심사여

빗소리도 은근한
봄날의 비 내림이나

잎새 위에 촉촉이 스며드는
아침 열 시에 내리는 여름비로
오셔라

조물주를 경배하는
가을비의 달콤함으로 오셔라

본심은 다정함인데
여린 가슴을 찢고 가버리는
섭섭한 인심이라도

돌아보면
너와 나

하늘과 땅 사이
마음 기댈 곳 없어
방황하는 나그네…

강가에 둑을 쌓으리라
더 높게 쌓으리라

범람하는 강물 위에
거세게 내리는 빗줄기 같던
나의 마음이여

생명을 키우는
저 찬란한 강물의
흐름이여!

메아리

내가 아직 어렸을 때
나는 그대를 불렀네
그리움과 기다림의 간곡한 노래-

내가 어른이 되었더니
메아리도 목소리에
시름이 묻어있네

아- 아-

밤이나 낮이나
내 맘 속에 부딪고 돌아오는
사랑의 메아리여

그대를 부르네
메아리도 그대 찾아 머언 먼 시절로
돌아가고파…

이유 The Reason

자명종(alarm clock)
나는 자명종(alarm clock)
사색의 동굴 나의 방에
오늘도 쉬지않고 돌아가는
나는 자명종(alarm clock)

천지의 정기가 박동하는
새벽이면
북한산 보랏빛 능선 따라
바야흐로 넘어가는
저 하늘의 유성

순결한 나의 님!

지성의 마지막 고지
조국에 바치는 나의 정절
나의 휘델리티(fidelity)

그 분과 내가
남몰래 맺은 언약
위태로운 내 상념의 쪽배를
순풍으로 인도하시는

그분은
그분은 나의 조국,

순결하신 나의 님!

조국이여
나도 어진 그대 닮아
자비와 충성을 다짐하며

항상 깨어 있는
나는 조국의 시계
나는 자명종(alarm clock)

〈가곡〉
바라보면 언제나

― 이독밀 작시 / 임긍수 작곡

바라보면 언제나
속된 마음 없어지고,
벗 삼으면
늘 ― 소망을 품었어라.

황금빛 노을 새벽 하늘가에
차오르면
빛나던 별 떨기
공으로 사라진다오.

더 나은 미래를 향하여
발돋움하며 그 빛을 따르네,
내 불안한 마음에
위안을 주시는

거짓 없고 상냥한 저 별 떨기
고동치는 새 아침의 귀로에 서서
우리는 서로 닮아가고
있었습니다.

나의 사랑은

나의 사랑은 피지 못한
숨결이어라
보이지 않는 소망

나의 사랑은
꺼지지 않는
태양이어라

로열호텔 Royal Hotel Seoul

먼 바다를 항해하고
하늘을 날아
이국의 정조가 푸른 산호초(blue coral reef)
칵테일 한 잔에
깊어가는 곳,

오색등이 켜지고
온갖 빛깔의 의상을 한
쇼윈도의 마네킹들…
누가 인간인지
누가 인형인지
욕망의 소용돌이가
끝이 없을 듯하다

명동거리가
차차로 불야성을 이룰 때
로열호텔 어느 요새에선
나도 덩달아
인고의 탑을 쌓는다

한때는
엑조틱한 마음으로

라운지의 쇼걸처럼
기다려보기도 하였다

이제
세월은 흐르고
세계의 정조도
세월 따라 흐르고
유약했던 나의 꿈도
한 톨 알밤처럼
익어가는 곳

길거리엔 걸인이
절망 어린 눈길을 마네킹에게
호소할 때

로열호텔
찬란한 문명의
뒤안길에서
나도
내 인생의 닻을
어느 곳에 내릴까…

깜깜한 하늘에
빛나는 저 별떨기에
물어볼까…

행여 날 기다리는
그 니에게 물어볼까…

밤길은 바쁘다
어느덧 자정녘
나의 방엔 이윽고
등이 켜진다

보호받는 풍경

물속에는 파-란 이끼들이
바람 따라 가볍게
살랑댄다

목을 길게 빼고 진달래꽃이
계곡물 위으로 얼굴을 비춘다
제 모습에 도취되어

세상의 여인네들이
저마다 자신의 거울을 보며
화장을 하듯이

꽃들도 바람결에
얼굴을 뽐내며
한 닢 두 잎

계곡물 위에 떨어져
복사꽃닢 떠오는 무릉도원이
과연 이곳이 아닐까-

그대와 내가
이곳을 사랑하여 다시 찾는다면

이 신비한 비경은

봄날이 소낙비에 밀리어 가듯
사라질 줄 누가 알까…

Part 5

그대도 내 맘같이

멍에

대관령 목장의 소 떼들은
멍에를 씌우지 않았는데
우리 집 음메소는 멍에를 짊어졌다

우리 집 음메소가 허약한 아버지를
위하여 자청한 것이 아니다
그도 때로는 도리질을 하고 싶고

구름이 영을 넘는 한여름에는
대관령에 사는 친구들처럼
넙죽 엎드려 싱긋 풀향기에 취하고도 싶다

그러나 우리 집 음메소는 봄, 여름, 가을
지나 겨울이 올 때까지
아버지가 씌워놓은 멍에에 갇혀

지친 다리를 절며
아버지가 잡아끄는 대로 끌려 끌려
한세상을 살다 죽었다

아버진 아무 미련 없이
고깃국을 드신다

나도 어쩌면
아버지로 인하여 나서, 자라고,
아버지가 씌워놓은 인생의 멍에를 짊어진
불쌍한 내 친구의 우울한
눈빛을 닮아간다

우리 집 음메소와 나는
아버지를 남몰래 미워했다
지금도 하늘 저편에 어둠이 짙어오면
나는 외양간에 갇힌
우리 집 음메소처럼

나의 아뜨리에 숨어
무심히 하늘의 별을 본다…

여름 정경

정오가 되면
뜨끈뜨끈한 연무
뽀오얀 태양 속으로
잠적해 버린
집 짓는 사람들,

자장면 배달하는 아이는
낡은 오토바이를 몰고
아득한 기억 속에
멀어져 간다

언 땅 속에서 악전고투하던
겨울날의 우리들,
가을에는 하늘 끝에서부터
유랑의 무리처럼 떠돌고
텃밭엔 이미 남모르게
우거진 잡초…

다른 이들이
늘어진 시계추처럼
지쳐 있을 때
무(empty)와 존재함이

멈추어 있는
이 우주 공간 속에서
나는
한순간의 티끌로
사라지기 싫었다

나비와 내가

나비와 내가
앞서거니 뒷서거니
콧노래를 부르며
개울가를 걷는다

들꽃은 뜨건 태양 아래
샛노랗게 피어서고
나비는 그 서슬이 싫여
되려 나를 쫓아오네

사르르 날갯짓도 부드러운
나비는 손가락에 앉아서
섬섬옥수도 아닌데
다정한 마음이 좋았나보다

산길에서

아침 해가
동녘 하늘을 비집고 나오려는
이맘때면
아직 가시지 않은 어둠이
큰 미륵바위 뒤에서
짓궂게 웃는다
괜스레 부끄러운 생각에
풀포기를 뜯는다
이슬은 노오란 우산 위에
떨어졌다 사방으로 튀어 달아나는
빗방울처럼
머얼리
머얼리로 흔들어 보냈다
산을 오르는 사람들은
매양 그 얼굴이 똑같지만
오늘은 햇님같이
발그레한 내 얼굴을
아무도 모르신다

봄의 풍광

몸부림치며 견뎌온
잔인한 겨울의 고독
늪에서는 잠자던 물뱀이
꼬리를 흔들며 유영한다

진주빛깔 은은한
하늘가에
오늘도 꽃편지같은
개나리 순이 연연히
물오른다

때론 격렬하게 가지를 떨고
때론 조급히 꽃피었다
반지보다 작은 나의 뜰에도
봄이 왔다

산릉선을 따라 깊은 골짜기에는
햇볕도 발길을 주춤하는 곳
머잖아 어른 키만 한 대마가 울창하고
물미나리 질세라 어깨를 휘청거릴 때를
기약하며

봄이여!
수많은 빛깔의 계절이여!
하늘의 별무리보다 아름다운
지상의 엘레우시스 제전*에
그대도 어서 달려와
축배를 들어라

*엘레우시스 제전-곡식의 여신 데메테르를 경배하는 제전의식

고양이

봄 햇살 아래 누워
지나간 영화를 꿈꾼다
밤이 되면 어둠을 향하여
갓난아기처럼 애설피 울었다

가장 고결한 품위를
사뿐한 네 발 끝에 감추고
거만한 여왕같이 독무를
연기한다

태생이 영묘하다
너를 두려워하네
너를 두려워하네
교활한 쥐가

오물거리는 주둥이 안에 숨어있다
가끔씩 입을 열고
권태를 토해내는 저 게으른
울음

누가 너를 인간의 침대 속으로
불러들였는가

누가 너를 엄동설한에
길거리로 방사하였는가

너의 속성도 모르고
그 보드라운 털에 입 맞추는
요염한 여인네의 짝이 되어
불길한 짐승 같으니!

인간의 탐욕과 욕정에서
비롯된 고양이의 팔자

새벽

한낮의 소음을 싣고
기차가 머언 시간 속으로
사라지면
이윽고 밤이 온다

천사들이 영면하고
악마가 시시덕거리는 밤,
도시의 네온에서 불꽃이
핀다

낮이 끝없어도
어김없이 밤이 오고
천기가 박동하는 새벽이
되어야 영혼은 의식의 바다에서
자유로이 헤엄친다

세상을 알지 못하고
죽은 아이들의 영혼이
훨훨 날아다니며
반딧불마냥 가녀린 섬광으로
나타났다 사라진다

새벽은 전광석화처럼
지나가고
별 안 뜨는 우울한 날에는
더욱더 명료해지는 의식을 느끼며
나는 아마도
새벽의 여신과
자매지간이 아닐까
생각도 해보았다

진주

비바람이 몰아친다
내 몸을 적신다
내 맘을 적신다 그리고
나의 상처난 아픈 가슴에
이방의 진주를 심었다

푸른 빛깔의 진주 씨알을 품고
아픔에 몸부림치며 참고 견뎌온 세월
내리는 비는 내 마음의 진주를 성숙시켰다

저- 푸르른 하늘이여
그리움이여 내 마음을 깊게 숨겨둔
타성의 바닷 속에서
나는 이방의 진주를 키웠다
그리고 드디어 그들로부터 해방되었다

하늘과 바다
내가 서 있는 이 땅 위에서
나도 한 알의 진주가 되리라

그대도 내 맘같이

그대는 아득한 새벽하늘을
날아가는 시간
궁수의 활을 벗어난
살과 같이

해가 뜨면 나는
붉은 망토를 휘감고서
천년만년 그대와 함께
말없는 기쁨의 순례자이고
싶습니다

금빛 찬란한 아침 해가
나의 항구에 정박할
무렵이면
그대도 내 맘같이

영광된 내일의 메시지를
노래하는 별이 되어
동화처럼 나의 가슴속에서
빛날 것입니다

그대는 나의 영혼의 친구
소망의 기도입니다

해오라기

가녀린 두 다리에
희고 긴 모가지의 해오라기 한 마리
파도가 밀리어 왔다 간
백사장을
사뿐 - 사뿐히 걷는다
발레리나처럼

해변에 빈 조가비는
모래밭을 뒹구는 불가사리의 집이란다
지구가
태양의 둘레를 돌고돌아 영생하는데
사람들은 왜 하늘을 비껴가는
별똥별을 바라보며
불가사리와 닮았다고 노래할까

석양에 지는 해를 배경삼아
해오라기
하늘의 별보다 불가사리가 더
좋은 벗 아닐까?…!

썬라이즈 모텔 Sunrise motel

바람난 남녀들이 쌍쌍이
선라이즈 모텔에 와서 정사를 즐길 때
이 이상한 비밀의 성에서 잡일을 하는
나는 밤마다 잠을 잊은 채
심해 깊은 곳에서 울려오는 짐승의 포효를
들었다
무겁게 부서지는 파도소리
꿈틀대는 해저 이무기의 용트림 소리
사경이 지나면 나는 희미하게 밝아오는
바닷가로 갔다
갈꽃은 우수수 바람결에 스러지고
수평선 위에는
바야흐로 봉화처럼 타오르는 해
물결 위엔 산란히 뿌려지는 아침 햇살
꼬리 물고 달아나는 고깃떼들
파도가 쓸고 간 내 발자욱
나는 이방인 되어
바다가 들려주는 전설같은 이야기 속에
살았다
그러나 그 이후로
나는
그 바닷가

선라이즈 모텔을 떠났고 다시는
바다의 울부짖음을 듣지 못했다
파도소리처럼 그들의 밀어도
자취가 없다

나의 이력서 My footprint

까치발로 담벽을
기어오르는 담쟁이 넝쿨처럼
파릇했던 젊은 날의
내 발자욱

하얀 눈밭 위에
마구 찍어놓은
방황하는 금수같은
내 발자욱

이정표 없는
망망한 바다
거친 파도에 흔들리우는
쪽배같은 내 발자욱

남모르게 숨겨왔던
정염에 타오르는
해와 달의 수수께끼 같은
내 발자욱

내 발자욱
지워지고

다시 찍은 필름 속에
그대 향해 가고 있는
내 발자욱
내 발자욱

바보

우리 동네 언덕길 올라
언덕길 너머
이십여 분 거리를 걸어왔네
하늘에 초가을 해는 빙글거리며
뚝심을 품고 걸어온 그 길가에 서서
훗날을 기원하지 않겠노라
맹세하며 걷고 있는
나를 비웃네

기차를 타고

영원히 정차하지 못하는
두 개의 레일 위를
기차를 타고 간다

비 내리는 날
눈 오는 밤에도 잠들지 않고
깜깜한 적요 속으로
뻥 뚫린 터널 속으로
기차를 타고 간다

그대가 나를 부르나
나는 그대를 모르리
이 끝나지 않는 여로에 지쳐서

기차는 - 비명을 울리며
막막한 시간 속으로
사라지는
기억의 추이

간이역
- '선평'이라는 작은 간이역

다이너마이트로 산을 깎아
채석장을 만들고
돌을 깨어 품을 팔다

여름 한낮이면
하얀 태양 아래
먼지처럼 아득하던
돌 깨는 사람들

객차는 드문드문
꽃수레처럼
왔다가

빨갛게 달군 돌무덤을
파헤쳐
열차에 싣고

기적 소리도 머얼리
다시는 아니 오실 양
깜깜한 턴넬 속으로
사라진다

강가의 소묘

물안개 자욱한 새벽 강가를
부지런한 해오라기 한 쌍이
기슭에 자취를 떨구며 날아갑니다
바람결에 울리는 저 순백한 소리는
지난밤 그대와 나눈 사랑의 노래처럼
안개 속에 아련히 그림자 됩니다

영원히 (끝없는 나를 찾아서)

어떤 때는 하늘을 보고
어떤 때는 꽃잎을 뜯으며
어떤 때는 진리를 구하고
어떤 때는 시를 썼다

하늘을 바랄 땐
두 손을 가슴에 모두고
바다를 바랄 땐
수평선의 갈매기를 보며
조용하고 우아한 나래짓도 그렸다

그대를 찾으려고
숲 속에서 길 잃은 아이처럼
나무 그루를 셈하기도 하였고
벼랑 위에 서서
애절한
메아리를 만들어 보기도 하였다

해빙하는 강물처럼
나지막이 울기도 하였다
내가 얼마나 오랜 시간 속을
우주를 방황하는 떠돌이별로

살아왔던가

그대를 찾기 위하여
나의 신앙 속에는
만 가지 애니미즘과 윤회와
창조의 신 하느님을 찬미할 줄
나 이미 알았구나

에필로그

조국

내가 어리석어
아무리 불평해도
한 마디 냉정한 말씀도
아니하시는 나의 참된 아버지

나를 낳으신 생부는
내 어리석고 유치한 반란을
차디찬 눈초리로 매질하셨지

나의 참된 아버지
조국은 내가 마음이 어려
아무리 못된 장난과 꾀로
문밖에 소문이 자자해도
잠자코 내게
기다림을 주신 아버지

이제 철이 들어
아버지 조국이라고 한마디

호칭만으로도 가슴에 뜨겁게
눈물이 맺히고
소문의 끝도 아득히 먼 세월에
나 자라,
아버지 뜻대로
살고 싶습니다